DESPERTE

PAZ INTERIOR

Dados Internacionais de Catalogação na Publicação (CIP) de acordo com ISBD

S211d	Sanches, William.
	Desperte paz interior / William Sanches. – Jandira, SP: Trend, 2024. 96 p.; 15,50cm x 22,60cm. – (Desperte).
	ISBN: 978-65-83187-16-1
	1. Autoajuda. 2. Autoconfiança. 3. Autoconhecimento. 4. Despertar. I. Título. II. Série.
2024-2251	CDD 158.1 CDU 159.92

Elaborado por Lucio Feitosa - CRB-8/8803

Índice para catálogo sistemático:
1. Autoajuda: 158.1
2. Autoajuda: 159.92

WILLIAM SANCHES

DESPERTE

PAZ INTERIOR

ENCONTRE A PAZ EM MEIO AO CAOS, SUPERE DESAFIOS E VIVA EM HARMONIA COM VOCÊ MESMO!

TREND editora

INTRODUÇÃO

Recomeçar com fé

"A verdadeira paz não é a ausência de problemas, mas a presença da força interior para recomeçar quantas vezes forem necessárias."

William Sanches

Recomeçar é um ato de coragem. Significa reconhecer que algo em nossa vida não está alinhado com a nossa paz interior e, então, escolher trilhar um novo caminho. Em cada recomeço, há um renascimento – uma oportunidade de transformar o que nos aflige e redescobrir a serenidade que habita dentro de nós.

Ao longo da vida, somos convidados a recomeçar diversas vezes. Negócios que não prosperam, relações que se desgastam, sonhos que parecem desvanecer. Nesses momentos, é comum sentirmos que perdemos o controle, mas é exatamente aí que reside o poder de despertar nossa paz interior: na decisão de não nos acomodarmos diante das dificuldades e de permitirmos que a fé nos impulsione para a ação.

A fé é mais do que uma simples crença; é a força espiritual que nos conecta com o nosso propósito mais profundo. É o espírito dentro de nós, firme e inabalável, que nos guia para um recomeço. A verdadeira fé nos ensina que não importa o tamanho do desafio, sempre existe uma luz que nos orienta – uma força interior que nos lembra de que fomos feitos para viver em abundância, prosperidade e paz.

Quantas vezes nos perdemos em queixas e pensamentos negativos, permitindo que eles se tornem parte de nosso dia a dia? Ficamos presos em velhos padrões, esquecendo que a nossa mente pode ser nossa maior aliada na busca pela paz. Ao transformar nossos pensamentos, transformamos nossa realidade. A paz interior começa quando decidimos olhar para dentro e perceber que somos capazes de recomeçar quantas vezes forem necessárias.

Recomeçar não depende de datas, lugares ou circunstâncias externas. Depende, sobretudo, de uma decisão interna. É um convite a observar o nosso "micromundo" – nossas emoções, nossos relacionamentos, nossa casa – e transformá-lo com pequenos gestos de amor e compaixão. Cuidando de nosso micromundo, contribuímos para um macromundo mais harmonioso e equilibrado.

Jesus nos ensinou que a nossa luz interior é poderosa e que devemos deixá-la brilhar. Ele não curava com palavras mágicas; Ele apontava para a força que já existe em cada um de nós. Quando Ele dizia "A sua fé te curou", Ele nos lembrava que somos capazes de grandes feitos, desde que acreditemos na força que temos para recomeçar e perseverar.

Este livro é um chamado para que você desperte **a paz interior que está adormecida**. Cada mensagem é um passo nessa jornada de autoconhecimento e transformação. Que você possa, através dessas páginas, encontrar inspiração para recomeçar sempre que necessário, sabendo que a paz que procura está dentro de você, pronta para ser despertada!

William Sanches
@williamsanchesoficial

"O primeiro passo para a paz interior é **aceitar** que você merece recomeçar."

Muitas vezes, o maior obstáculo para recomeçar é a crença de que não somos merecedores de uma nova chance. A paz interior começa quando aceitamos que errar faz parte da jornada humana e que, apesar das falhas, somos dignos de um novo começo. Recomeçar é um ato de amor próprio, uma declaração de que somos capazes de nos reinventar, independentemente das situações passadas. A paz que buscamos se encontra na coragem de reescrever nossa história com gentileza e perdão.

"A fé é a voz suave dentro de você que insiste em dizer:

A fé não é um sentimento explosivo; é uma mensagem constante que nos lembra de continuar, mesmo quando tudo parece desmoronar. É a presença silenciosa que nos acompanha nas noites escuras e nos momentos de dúvida. Essa voz, muitas vezes abafada pelo ruído das preocupações, é o que nos conecta com a nossa força interior. A fé é o combustível da esperança, é a âncora que nos mantém firmes quando os ventos da adversidade sopram. Escutar essa voz é o primeiro passo para viver em paz.

"Continue, tudo vai ficar bem."

03

"Recomeçar é **permitir** que a luz da esperança brilhe mais forte do que os medos do passado."

O medo tem um jeito de nos manter presos, de fazer com que revivamos os erros passados como se fossem sombras que nunca se dissipam. Mas recomendo acender uma nova luz – uma luz de esperança que ilumina o caminho à frente, mesmo que não esperemos ver todos os seus detalhes. Essa luz não nega a existência dos erros, mas os transforma em aprendizados, em pontos de partida para um futuro diferente. Quando recomeçamos, damos um passo para fora das sombras e caminhamos em direção à luz da nossa própria renovação.

04

"A paz interior não se encontra lá fora;

Muitas vezes, buscamos a paz em lugares, pessoas ou coisas externas, acreditando que, ao mudar o cenário, encontraremos a serenidade que almejamos. Mas a paz interior é um trabalho interno. Ela floresce quando nos reconciliamos com nossos erros, perdoamos nossos próprios tropeços e aprendemos a nos tratar com a mesma compaixão que oferecemos aos outros. A verdadeira paz não é imposta pelo mundo exterior; está dentro da cultura de nós, um momento de acesso por vez.

ela brota quando fazemos as **pazes** com o nosso próprio coração."

05

"Quando nos permitimos recomeçar,

damos espaço para que o novo floresça onde antes havia apenas dor."

Recomeçar é um ato de renovação. É limpar o terreno do coração, arrancar as antigas raízes más e semear novas possibilidades. Não é um processo fácil; muitas vezes, é doloroso abrir mão do que conhecemos, mesmo que nos cause sofrimento. Mas é nesse espaço vazio, criado pelo desespero, que o novo pode florescer. O recomeço é um jardim de oportunidades, onde cada escolha é uma semente que plantamos em busca de um amanhã mais sereno.

06

"A força para recomeçar está escondida nos momentos de **silêncio** em que você se reconecta com quem você realmente é."

O barulho do mundo e os critérios diários muitas vezes abafam nossa verdadeira essência. Nos momentos de silêncio, quando nos permitimos apenas ser, sem máscaras ou pressões externas, encontramos a força que pensávamos ter perdido. É nesse encontro íntimo com a nossa própria alma que redescobrimos o desejo de recomeçar, de realinhar a nossa vida com o que realmente importa. A paz interior é um retorno ao lar dentro de nós, um espaço onde a nossa força e serenidade habitam em perfeita harmonia.

07

"Cada recomeço é uma prova de que a vida está **sempre** nos oferecendo uma nova chance de sermos felizes."

A vida é generosa em suas oportunidades. Cada novo dia é um convite para deixar para trás o que não serve mais e abraçar o que nos faz bem. Recomeçar é um lembrete de que, independentemente do que aconteceu ontem, hoje é uma nova chance de buscar a felicidade. É a natureza da vida nos mostrar que nada é permanente, nem mesmo nossos erros ou fracassos. A paz interior vem ao considerarmos que o recomeço é um presente, um sinal de que ainda há tempo para viver plenamente.

"A chave para a paz interior é simples:

decidir viver alinhado com sua **verdade**, mesmo que isso signifique recomeçar."

Vivemos em uma sociedade que muitas vezes nos encoraja a seguir padrões que não ressoam com o que somos de verdade. Encontrar a paz interior é, muitas vezes, um ato de rebelião contra essas expectativas. É escolher viver de acordo com nossa própria verdade, com nossos valores e desejos mais profundos, mesmo que isso nos leve a caminhos inesperados. Recomeçar é ajustar o curso, é alinhar nossas ações com quem somos no coração, e essa honestidade consigo mesmo é a base da paz verdadeira.

09

"A paz interior floresce quando abandonamos a necessidade de controlar tudo e aceitamos o **fluxo natural** da vida."

Tentamos, frequentemente, controlar cada detalhe de nossa vida, na esperança de evitar dor ou de garantir sucesso. No entanto, essa tentativa de controle constante só nos afasta da paz que tanto procuramos. A vida tem seu próprio ritmo, e nem sempre segue nossos planos. A paz interior vem com as facilidades – aceite que nem tudo está sob nosso controle, que algumas coisas precisam seguir seu curso natural. Ao soltar as ideias e confiar no fluxo da vida, encontro uma serenidade que é inabalável.

10

"Recomeçar é **acreditar** que o melhor ainda está por vir,

mesmo quando tudo parece perdido."

Nos momentos mais difíceis, quando o caminho à frente parece incerto e o passado pesa sobre nós, a ideia de recomeçar pode parecer impossível. Mas é exatamente nesses momentos que o recomeço se torna mais poderoso. É um ato de fé no futuro, uma crença de que, apesar de tudo, ainda há beleza na nossa esperança. A paz interior não é a ausência de desafios, mas a certeza de que, não importa o quão difícil seja, o melhor ainda está por vir – basta dar o próximo passo.

"Recomeçar é se dar a **permissão** de florescer,

A vida é cheia de ciclos, e cada tempestade que enfrentamos nos prepara para um novo florescimento. Recomeçar é um ato de coragem, uma declaração de que, apesar dos desafios, continuamos prontos para crescer. As adversidades não definem quem somos; são oportunidades para mostrarmos nossa resiliência e florescermos com mais força e beleza.

mesmo depois das tempestades mais intensas."

12

"A fé é o **combustível** invisível que move o seu presente na direção ao futuro que você deseja."

Ter fé é acreditar no invisível, é confiar que o amanhã reserva melhores possibilidades. Não se trata apenas de esperar que as coisas aconteçam, mas de agir hoje com a certeza de que cada passo está levando você para mais perto dos seus sonhos. A fé transforma o medo em coragem e os obstáculos em degraus para o sucesso.

13

"Você é o **escultor** da sua realidade;

molda seus pensamentos com amor e propósito."

Tudo o que vivemos começa na mente. Cada pensamento é uma ferramenta que pode construir ou destruir nossos sonhos. Ao escolher pensamentos de amor, esperança e gratidão, você esconde uma realidade mais alinhada com seus desejos. Lembre-se: você tem o poder de moldar a sua vida, um pensamento positivo de cada vez.

14

"A paz interior começa quando você se **desapega** do que não pode controlar."

Muitas vezes, gastamos energia tentando controlar o incontrolável, esquecendo que a verdadeira paz vem da acessível. Soltar o que está fora do nosso alcance é um ato de amor próprio. Concentre-se no que você pode mudar: suas ações, suas reações e seu jeito de encarar a vida. É aí que reside o seu poder.

15

> "Amanhã é sempre uma nova chance de **reescrever** sua história com mais leveza e alegria."

Cada amanhecer é um convite para começar de novo, para deixar o peso do ontem e abraçar o potencial do hoje. A vida é um livro em constante escrita, e você é o autor de cada capítulo. Não se prenda ao passado; use o amanhã como uma folha em branco para criar uma história mais leve, mais alegre e mais alinhada com o que você realmente deseja.

16

"A sua força interior é **maior** do que qualquer desafio que você enfrenta."

Às vezes, os desafios parecem montanhas impossíveis de escalar. Mas dentro de você existe uma força silenciosa, uma energia que é maior do que qualquer obstáculo. Acredite na sua capacidade de superar, de persistir e de conquistar. Essa força é o que o torna capaz de transformar o impossível em possível.

"O que você pensa, você **cria**;

Nossos pensamentos e emoções são como ímãs que atraem para nossa vida aquilo em que mais focamos. Quando pensamos de forma positiva e sentimos gratidão, atraímos mais razões para nos sentir assim. Em contrapartida, pensamentos de escassez e medo trazem mais do mesmo. Escolha conscientemente o que você deseja criar em sua vida.

o que você sente, você atrai."

"Recomeçar é aceitar que as **melhores páginas** da sua vida ainda estão por ser escritas."

O passado é apenas um capítulo de sua história, não o livro todo. Recomeçar é um ato de esperança, uma declaração de que o melhor ainda está por vir. Não se prenda aos erros ou aos fracassos; veja-os como partes essenciais da sua jornada. As melhores páginas da sua vida que ainda esperam por você, cheias de novas possibilidades e vitórias.

19

"Quando você se liberta das queixas,

abra espaço para que
a **gratidão** transforme
sua realidade."

Recuperar é como plantar sementes de negatividade no jardim da vida. Mas, quando escolhemos a gratidão, começamos a ver as vitórias que sempre estiveram presentes, muitas vezes escondidas nas situações mais simples. Troque as queixas pela apreciação e veja como sua realidade se transforma diante de seus olhos.

20

"Cada pensamento **positivo** é um passo na direção da vida que você deseja viver."

Pequenos passos, quando dados consistentemente, nos levam a grandes destinos. O mesmo acontece com nossos pensamentos. A cada pensamento positivo, você avança um pouco mais na direção dos seus sonhos. Construa um caminho de positividade, pensamento a pensamento, e logo estará vivendo a vida que sempre desejou.

21

> **"Acredite:** você tem dentro de si todo o poder necessário para criar a vida que deseja."

Muitas vezes procuramos fora de nós as respostas para nossas questões, mas a verdade é que tudo de que precisamos já está dentro de nós. Confie na sua capacidade de realizar, na sua intuição e no seu poder pessoal. O universo apoia quem acredita na própria força e envelhece com confiança.

"Seja a **mudança** que você deseja ver no seu mundo interior, e o exterior responderá."

A transformação começa de dentro para fora. Não espere que o mundo mude para que você se sinta melhor; mude o seu interior, e o exterior trará essa mudança. Quando você eleva seus pensamentos e vibrações, o mundo ao seu redor se alinha com essa nova energia.

"A vida acontece agora;

É comum acreditar que a felicidade está sempre no próximo passo: na próxima conquista, no próximo relacionamento, na próxima meta. Mas a vida é agora, e a felicidade é uma escolha que podemos fazer todos os dias, independentemente das situações. Não adie a sua alegria; viva-a plenamente no presente.

pare de adiar sua felicidade para um futuro distante."

24

"Toda dificuldade é uma oportunidade **disfarçada** de aprendizado e crescimento."

Os desafios não surgem para nos destruir, mas para nos fortalecer e ensinar. Cada dificuldade carrega em si uma lição útil, uma oportunidade de crescimento. Quando mudamos a perspectiva e vemos as adversidades como mestras, transformamos a dor em sabedoria e a dificuldade em um degrau para o nosso sucesso.

25

"Você é mais forte do que imagina e mais capaz do que acredita."

Subestimamos nosso próprio poder e resiliência com frequência. Porém, cada desafio superado, cada obstáculo vencido é uma prova de que somos mais fortes do que imaginamos. Confie em si mesmo, nas suas capacidades e na sua jornada. Você é mais do que pensa ser, e seu potencial é ilimitado.

26

"Liberte-se do passado;

O passado existe para nos ensinar, não para nos prender. Use as experiências passadas como impulso para saltar mais alto, não como correntes que o seguram. Ao se libertar das mágoas e lamentações, você abre espaço para um presente mais leve e um futuro mais promissor.

ele é um
trampolim,
não uma
âncora."

27

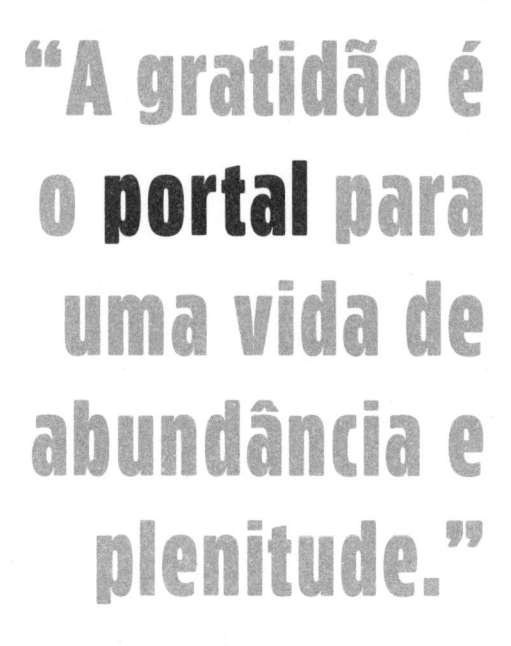

> "A gratidão é o **portal** para uma vida de abundância e plenitude."

Ser grato não é apenas uma atitude positiva; é uma forma poderosa de atrair mais vitórias para sua vida. Quando você agradece, mesmo pelas coisas pequenas, envia ao universo uma mensagem de que está pronto para receber mais. A gratidão transforma o que temos em suficiente e o suficiente em abundância.

> "Seu poder pessoal é ativado toda vez que você **decide** não desistir."

A persistência é um ato de poder. Cada vez que você escolhe ir em frente, mesmo diante das dificuldades, você fortalece sua força interior. Não desista do seu valor e do valor dos seus sonhos. Mantenha-se firme, porque cada passo à frente é uma vitória em si.

"O primeiro passo para a mudança é **acreditar** que você pode."

Muitas mudanças começam com uma simples opinião: a opinião de que você é capaz. Sem essa confiança, as ações se tornam fracas, e os esforços, limitados. Mas, quando você acredita verdadeiramente que pode mudar, essa verdade se reflete em cada escolha, em cada ação, e o impossível começa a se tornar possível.

"A força de recomeçar está na decisão de deixar o medo para trás."

O medo sempre acompanha os grandes recomeços. Ele sussurra dúvidas, tenta nos prender ao que é conhecido e seguro. Mas recomeçar é um ato de coragem, um salto de fé em direção a um futuro que ainda não enxergamos completamente, mas que escolhemos acreditar ser possível. Quando decidimos deixar o medo para trás, abrimos espaço para novas oportunidades, crescimento e transformação. O caminho pode ser incerto no começo, mas a certeza de que podemos construir algo melhor nos impulsiona a seguir adiante! O que te impede hoje de recomeçar?

31

"Você é o autor de sua história;

não permita que ninguém escreva suas páginas por você."

A vida é um livro, e cada dia é uma nova página em branco esperando para ser escrita. Não entregue a caneta da sua história a outras pessoas. Assuma o controle, faça escolhas que refletem quem você realmente é, e escreva uma narrativa que o faça sentir orgulho e satisfação.

32

"Seu maior poder está na sua capacidade de **escolher a paz**,

A paz interior não é uma ausência de conflitos, mas uma decisão de não se deixar afetar por eles. Mesmo diante de situações desafiadoras, você tem o poder de escolher a serenidade. Essa escolha constante é o que define a qualidade da sua vida e a profundidade da sua paz.

independentemente das situações."

"Não é o tempo que cura, mas a sua **disposição** de se curar."

Muitas vezes, esperamos que o tempo resolva todas as feridas, mas a verdadeira cura vem da nossa disposição de enfrentar, compreender e libertar o que nos machuca. Quando você se compromete com seu próprio bem-estar, o tempo passa a ser um aliado, não o único recurso.

"O sucesso não é um destino, mas uma jornada de pequenos passos consistentes."

Muitas vezes, vemos o sucesso como um ponto de chegada distante, mas ele é, na verdade, construído dia após dia, passo a passo. São as pequenas ações diárias, o esforço contínuo e a persistência que pavimentam o caminho para os grandes resultados. Celebre cada pequeno avanço como um marco no seu caminho para o sucesso.

"Cada pensamento de amor é uma **semente** plantada no jardim da sua vida."

Imagine sua mente como um jardim. Cada pensamento que você nutre é uma semente que eventualmente crescerá e florescerá. Pensamentos de amor, gentileza e positividade criam um ambiente fértil para a felicidade e a abundância. Escolha com sabedoria o que você planta, e colha um jardim cheio de flores.

36

"Seus sonhos não são grandes demais; eles são a medida exata da sua **coragem**."

Nunca pense que seus sonhos são inalcançáveis ou ousados demais. Eles são o reflexo do seu potencial e da coragem que você tem para segui-los. Se parece difícil, é apenas um sinal de que você está indo além dos limites confortáveis e crescendo em direção a algo grandioso.

> "A verdadeira liberdade começa quando você se **liberta** das expectativas alheias."

Muitas vezes nos sentimos presos pelas expectativas dos outros – o que devemos fazer, como devemos ser. Mas a verdadeira liberdade surge quando você escolhe viver de acordo com seus próprios valores e desejos. Não se trata de agradar a todos, mas de honrar sua própria jornada e ser fiel a quem você realmente é.

> "Cada desafio é uma **oportunidade** de você provar a si mesmo o quanto é capaz."

Em vez de olhar para os desafios como barreiras intransponíveis, comece a enxergá-los como portas que se abrem para revelar sua força e resiliência. Cada dificuldade que você enfrenta traz consigo uma oportunidade de crescimento, um convite para descobrir habilidades e capacidades que você talvez nunca tenha imaginado possuir. Ao longo da vida, é comum sermos apresentados à prova — seja no trabalho, seja nos relacionamentos ou em momentos de transformação pessoal —, e é exatamente nessas situações que revelamos nossa verdadeira essência.

Os desafios são como espelhos, refletindo o seu potencial de superação. Cada obstáculo é uma chance de evoluir, ir além do conhecido e expandir seus limites. Quando você enfrenta uma adversidade e a supera, por menor que pareça, está provando para si mesmo que é capaz de mais do que imagina. E quanto mais você supera, mais confiança você adquire para enfrentar o que vem adiante.

Esses momentos de dificuldade podem ser desconfortáveis e até dolorosos, mas são os momentos que moldam seu caráter, fortalecem sua determinação e aproximam você de sua melhor versão. Eles lhe ensinam resiliência – a capacidade de se manter firme, mesmo quando o mundo ao seu redor parece desmoronar. Quando você muda a maneira como vê os desafios, eles deixam de ser monstros que o paralisam e passam a ser trampolins que o impulsionam para um novo nível de vida.

Acredite na sua capacidade de enfrentar e superar qualquer adversidade que surja no seu caminho. Não importa o tamanho do desafio ou o quão difícil ele parece, lembre-se de que você tem dentro de si todas as ferramentas possíveis para transformá-lo em uma oportunidade de crescimento. Use os desafios como uma prova de sua força, como um lembrete constante de que você é capaz de seguir em frente, aprender e sair mais forte do outro lado. Afinal, os obstáculos não aparecem para você cair, mas para lhe mostrar até que ponto você pode chegar.

39

"A chave para uma vida plena está em **aceitar** a imperfeição e seguir em frente."

A perfeição é um ideal inatingível que muitas vezes nos impede de agir. Aceitar que somos imperfeitos e que tudo ao nosso redor também é nos liberta para seguir em frente sem o peso da autoexigência. Viver plenamente é abraçar a imperfeição e continuar avançando, mesmo sem ter todas as respostas.

"O universo conspira a seu favor quando você se **alinha** com seus desejos mais autênticos."

Quando você vive em harmonia com seus verdadeiros desejos e propósitos, tudo ao seu redor começa a se alinhar. O universo responde às inovações com sincronicidades e oportunidades. Confie nos seus desejos mais profundos e mova-se em direção a eles, sabendo que o universo está do seu lado.

"A maior jornada é aquela que fazemos para **dentro** de nós mesmos."

Muitas vezes, buscamos respostas no mundo externo, mas as respostas mais importantes estão dentro de nós. Ao nos voltarmos para o nosso interior, encontramos claramente propósito e a verdadeira paz. A jornada interior é a mais desafiadora, mas também a mais recompensadora.

"A **confiança** em si mesmo é o ponto de partida para todas as suas conquistas."

Nada é mais poderoso do que acreditar em si mesmo. A autoconfiança é uma base sobre a qual todas as suas conquistas serão construídas. Quando você acredita no seu valor e capacidade, não há limites para o que pode alcançar. Cultive essa confiança diariamente e veja como o mundo responde positivamente.

"A abundância começa com a **gratidão** pelo que você já tem."

A gratidão é o alicerce da abundância. Quando você confirmar e agradecer pelas vitórias que já possui, abre o caminho para receber ainda mais. A vida floresce onde há apreciação. Faça da gratidão um hábito diário e experimente uma transformação em como você percebe e atrai a abundância.

44

"A mudança que você deseja começa na forma como você enxerga a si mesmo."

A percepção que você tem de si mesmo define como você envelhece no mundo. Se deseja mudança externa, comece alterando a forma como se vê. Enxergue suas qualidades, abrace suas imperfeições, e veja-se como alguém digno de tudo o que deseja. A mudança exterior é um reflexo da mudança interior.

45

"Cada novo dia é uma **oportunidade** para ser melhor do que ontem."

Crescimento pessoal não é competir com os outros, mas ser uma versão melhor de si mesmo a cada dia. Use cada manhã como um ponto de partida para evoluir, aprender e melhorar. Pequenas melhorias diárias levam a grandes transformações ao longo do tempo.

46

"Você é o **reflexo** dos pensamentos que mais alimenta."

A mente é como um espelho que reflete os pensamentos que mais cultivamos. Se alimentamos ideias positivas, de esperança e amor, é isso que veremos refletido em nossa vida. Vigie seus pensamentos, escolha aqueles que nutrem sua alma e veja um reflexo que o enche de orgulho.

47

> **"Recomeçar é um ato de amor por si mesmo e pela vida que você quer criar."**

Recomeçar não é um sinal de fraqueza, mas de profunda sabedoria e amor próprio. Você merece uma vida alinhada com seus desejos e deve ter a coragem de dar o primeiro passo, mesmo após quedas. Ame-se o suficiente para recomeçar quantas vezes forem necessárias.

> "A sua vibração **atrai** o que você experimenta; mantenha-se elevado."

Tudo no universo é energia, incluindo nossos pensamentos e emoções. Quando mantemos nossa vibração elevada, atraímos experiências que abrangem essa frequência. Pratique o autocuidado, rodeie-se de positividade e mantenha sua energia alta para atrair o melhor que a vida tem a oferecer.

> "**A serenidade** vem quando você para de lutar contra o que é e aceita o momento presente."

A resistência diante das situações da vida cria uma tensão constante que afeta o corpo, a mente e o coração. Quando nos apegamos à necessidade de controlar tudo e lutar contra a situação, mergulhamos em um ciclo de estresse e frustração que nos afasta da paz que tanto buscamos. Resistir é como nadar contra a correnteza — exige energia, nos cansa e nos deixa exaustos, sem chegar a algum lugar.

A verdadeira calma e a paz interior surgem quando você aprende a aceitar o momento presente exatamente como ele é, sem julgamentos ou expectativas irreais. Não significa desistir ou se conformar, mas, sim, considerar o que está acontecendo, abrindo espaço para que novas perspectivas e soluções criativas surjam naturalmente. Essa acessibilidade é um ato de sabedoria e confiança – confiar que a vida tem seu próprio ritmo e que, quando paramos de lutar contra o que não podemos mudar, encontramos uma serenidade maior para agir com clareza.

Abraçar o presente permite que você viva com mais leveza. Isso significa desapegar-se de lamentações do passado e da ansiedade pelo futuro, permitindo-se viver o agora de forma plena. É confiar no fluxo natural da vida, compreender que cada momento, bom ou desafiador, faz parte de sua jornada de crescimento e evolução. Ao se render ao presente, você encontra uma paz que não depende das situações externas, mas de uma escolha interna de viver em harmonia consigo mesmo e com o que a vida oferece. Aceite o que é, confie no processo e encontre a serenidade na sua própria jornada.

"A jornada da vida é feita de **escolhas**;

A cada dia, somos apresentados a inúmeras escolhas, e cada uma delas tem o poder de moldar nosso destino. Escolha o que faz seu coração vibrar, o que traz luz aos seus olhos e paz ao seu espírito. A vida é curta demais para viver de outra maneira; faça escolhas que nutrem sua alma e preenchem sua jornada de significado.

escolha sempre aquilo que **alimenta sua alma.**"

"O verdadeiro despertar acontece quando você encontra paz em meio ao **silêncio** do seu próprio ser."

A vida moderna está repleta de ruídos: critérios externos, pensamentos incessantes e expectativas que nos sobrecarregam. Para muitos, a paz parece algo distante, quase inalcançável, em meio a tanto caos. Mas a verdadeira paz interior não se encontra no mundo exterior – ela nasce do silêncio que cultivamos dentro de nós. Quando você permite que o mundo ao redor se acalme, ainda que por breves momentos, cria espaço para ouvir a voz serena do seu ser mais profundo. Nesse silêncio há uma sabedoria que não se pode encontrar fora, uma sabedoria que conhece seus desejos mais autênticos, suas verdades mais profundas. Ao aprender a se refugiar nesse espaço interior, você descobre que, independentemente das circunstâncias ao redor, existe um lugar de calma e força dentro de você, sempre acessível. Essa é a essência do verdadeiro despertar: encontrar a paz não na ausência de problemas, mas na quietude que existe mesmo em meio aos desafios da vida. Quando você acessa esse lugar de serenidade, a vida ganha um novo significado, e você se fortalece para enfrentar qualquer adversidade com confiança e clareza.

52

"Transformar-se é considerar que suas imperfeições são portas para o **crescimento**, não barreiras para o sucesso."

Todos nós carregamos imperfeições – partes de nós mesmos que consideramos falhas ou inconvenientes. Muitas vezes, lutamos contra essas características, tentando escondê-las ou superá-las rapidamente, como se fossem obstáculos em nosso caminho. No entanto, as imperfeições não são algo a ser eliminado, mas, sim, uma fonte de aprendizagem e evolução. Elas são como portas que nos convidam a explorar o nosso interior, a entender nossos limites e, acima de tudo, a crescer além deles. Ao reconhecer e aceitar suas fraquezas, você descobre a coragem necessária para transformá-las em fontes de força. Não há crescimento sem o entendimento das partes de si que precisam de atenção e cuidado. Em vez de rejeitar suas imperfeições, olhe para elas com compaixão. Elas são lembranças de que você é humano e de que o processo de se tornar uma versão melhor de si mesmo não exige perfeição, mas, sim, a disposição de aprender com seus desafios. Ao fazer isso, você transforma barreiras em degraus e limitações em oportunidades de expansão. A verdadeira transformação não está em se livrar das imperfeições, mas em usá-las como alavancas para uma vida mais plena e autêntica.